盐渎古镇

让历史文物活起来

21世纪马克思主义研究院经济社会文化发展战略研究中心　编
盐 城 大 洋 湾 组 团 开 发 有 限 公 司

当代中国出版社
Contemporary China Publishing House

图书在版编目(CIP)数据

盐渎古镇：让历史文物活起来 / 21 世纪马克思主义研究院经济社会文化发展战略研究中心，盐城大洋湾组团开发有限公司编 . -- 北京：当代中国出版社，2024.3
ISBN 978-7-5154-1333-4

Ⅰ . ①盐… Ⅱ . ① 2…②盐… Ⅲ . ①乡镇—概况—盐城 Ⅳ . ① K925.35

中国国家版本馆 CIP 数据核字（2024）第 052964 号

出 版 人	王　茵
责任编辑	宋卫云　马凡钧
责任校对	贾云华　康　莹
印刷监制	刘艳平
封面设计	鲁　娟
出版发行	当代中国出版社
地　　址	北京市地安门西大街旌勇里 8 号
网　　址	http://www.ddzg.net
邮政编码	100009
编辑部	（010）66572264
市 场 部	（010）66572281　66572157
印　　刷	北京中科印刷有限公司
开　　本	889 毫米 ×1194 毫米　1/12
印　　张	10.5 印张　102 千字
版　　次	2024 年 3 月第 1 版
印　　次	2024 年 3 月第 1 次印刷
定　　价	128.00 元

版权所有，翻版必究；如有印装质量问题，请拨打（010）66572159 联系出版部调换。

本书编委会

主　任　李传章　任连璋

副主任　张　群　马兆余

编　委　李传章　任连璋　张　群　马兆余　马　平
　　　　　齐东峰　毕雪峰　李海峰　张立伟　丁海川
　　　　　卜凡彪　张　筱　王丰宇

前言

盐城具有悠久的历史和灿烂的文化。盐渎是盐城的古县名,盐渎县始建于西汉高帝六年(公元前201年),东晋晋安帝义熙九年(413年),改名盐城县。"宋朝文臣第一人"范仲淹在担任盐城西溪(今属东台市)盐仓监期间口碑很好,他竭尽所能为百姓谋福利,为根治水患,修建了著名的范公堤,即今天盐城的开放大道沿线一带,受到盐城人民拥戴。

盐城还是红色文化精神传承之地。1941年"皖南事变"后,中共中央军委命令在以华中新四军八路军总指挥部为基础的江苏盐城重建新四军军部。新四军在抗战中牺牲8万余名将士,由初建时的1万余人发展到21万多人。我军和盐城人民为抗日战争胜利和解放全中国做出了巨大贡献。

盐渎古镇再现大洋湾景区。盐城燕舞集团和大洋湾生态旅游景区(下文称"大洋湾景区")践行绿色发展理念,使盐渎古镇成为景区的明珠和皇冠。古镇位于大洋湾景区中心,由37栋单体建筑组成,其中包含22栋徽派古民居及若干栋具有徽派和晋派风格的建筑,形成了古建筑群聚合效应。

盐渎古镇使文化遗产活了起来。习近平总书记指出,文物和文化遗产承载着中华民族的基因和血脉,是不可再生、不可替代的中华优秀文明资源。盐渎古镇集"演、展、商"为一体,使更多文物和文化遗产活了起来,营造了传承中华文明的浓厚社会氛围。盐渎古镇以它独具特色的文化魅力,成为盐城和长三角地区乃至中华大地的文旅亮点,带动中华优秀传统文化创造性转化、创新性发展,满足人民日益增长的美好生活需求。

21世纪马克思主义研究院经济社会文化发展战略研究中心

2024年1月9日

目录

第一辑 明清建筑群再现中华大地 / 1

一、盐渎古镇简介 / 2

二、盐渎古镇辉煌再现 / 6

三、古建筑群形成聚合效应 / 50

第二辑 担当文化传承新使命 / 61

一、展馆文化——走进展馆，感受历史文化魅力 / 62

二、演艺文化——沉浸式演出，赓续盐渎精神 / 69

三、文物鉴赏文化——弘扬海盐文化，传承历史文脉 / 73

四、饮食文化——打造八大碗文化，讲好盐城故事 / 75

附　录 / 81

民国风情新体验 / 82

体育与文化交相辉映 / 91

塑造大洋湾康养品牌 / 96

后　记 / 114

第一辑

明清建筑群再现中华大地

　　文物承载灿烂文明,传承历史文化,维系民族精神,是老祖宗留给我们的宝贵遗产,是加强社会主义精神文明建设的深厚滋养,是建设中华民族现代文明的根基。只有让那些在历史长河中积淀下来的文化珍存走近百姓、走进当代,让更多文物和文化遗产活起来,揭示其蕴含的思想观念、人文精神、道德规范,才能丰富全社会的历史文化滋养,增强做中国人的志气、骨气、底气,让中国文化走向未来、走向世界。

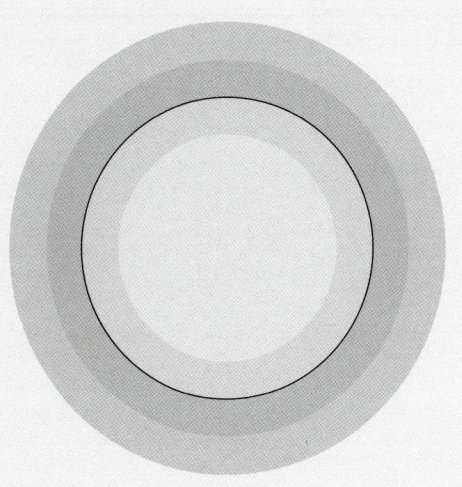

一、盐渎古镇简介

盐渎古地，北近淮水，南望长江，远古时代这里的居民属于"淮夷"人，为商周时期的少数民族。传说当时部落首领为蚩尤，后与炎黄部落在涿鹿之战中失败，一部分举家南迁，在淮河一带定居，史称淮夷。秦汉之交，项庄大摆"鸿门宴"意在沛公时，项伯拔剑助舞，使刘邦摆脱了这场危机，因而得赐刘姓，其封地就在今天的盐城。

盐渎是盐城故城地名，于西汉高帝六年（公元前201年）置县，西汉初属临淮郡，东汉属广陵郡，三国时废，西晋武帝太康二年（公元281年）复置，仍属广陵郡，东晋安帝义熙九年（公元413年）改名盐城。

盐城之得名，因其"环城皆盐场"。较长的海岸线是盐城"煮海为盐"的独特地理优势。《史记·货殖列传》称"东有海盐之饶"，一个"饶"字将这一区域丰盛的海盐生产表现得十分鲜活。盐城大小盐场星罗棋布，"淮盐出，天下咸"。淮盐属天下之珍、一国之粹，为世人所公认。为了把晒出的盐运出去，先民们陆续开凿运盐河道，于是便有了"煮海兴利、穿渠通运"的海盐文化。

见之于正史记载的盐城第一位县丞是孙坚。东汉灵帝熹平元年（公元172年）底，孙坚因参与平定会稽人许昌、许韶父子聚众造反有功，经扬州刺史臧旻举荐，被朝廷任命为盐渎县丞。孙坚的为人所知，在于人们往往以三国时期吴王孙权之父称之，而孙权这个后来拥长江下游而鼎立三国的一方诸侯，不仅为孙坚增加了知名度，也间接地为盐城的历史涂抹了一些色彩。

1941年1月"皖南事变"后，中共中央军委命令，以华中新四军八路军总指挥部为基础在江苏盐城重建新四军军部，任命陈毅为代军长、刘少奇为政治委员。1月25日，新四军军部正式成立。重建后的新四军军部将新四军整编为7个师和1个独立旅，设司令部、政治部、供给部、卫生部、军工部。抗日战争期间，盐城先后4次被日军及伪军占领。新四军数易军部，日伪军却始终没能在这片土地上站稳脚跟。在抗战中，新四军对日伪军作战2.46万余次，毙伤29.37万人，新四军也由初建时的1万余人发展到21万多人，8万多名将士、

300多名团以上干部壮烈牺牲。

盐渎古镇位于大洋湾景区中心位置，位处盐城市区，距盐城南洋机场2千米、盐城站5千米，交通十分便利。

盐渎古镇是一座充满古建韵味的小镇，一面沿水，两面环路，整座古镇由35栋单体建筑组成，包含16栋徽派古民居以及观贤堂、敦怡堂、慎耻堂、桂复堂、和顺堂5栋安徽和山西四合院。总面积近5万平方米，为"绿水瀛洲"的大洋湾增添了古朴厚重的传承之美。

同时，盐渎古镇也是一座集"演、展、商"为一体的演艺小镇，在这里，游客们不仅可以泡馆、看戏，还可以体验民国时期盐城的市井文化，一起大话盐渎。更有电影级沉浸式旅游演艺《盐渎往事》，探寻时代文化经典，展现民国风情画卷，谱写盐城精神华章，重温盐渎往事烟火。《盐渎往事》借助故事再现和情节演艺等艺术表现手法，以古镇顾、凌两大家族儿女的婚事变化为线索，展现古镇背后的制盐历史和世事纠葛。通过全场景化包装、电影级沉浸式体验、全新的互动式玩法，还原民国时期盐城人民的生活方式。游客可以深入到故事之中，成为故事的一分子，感受货真价实的民国生活细节，体验市井盐城的岁月烟火气息，感受盐城独特的盐文化底蕴。

二、盐渎古镇辉煌再现

在"让历史文物活起来"的责任感驱使下，多年来，北京锦龙堂文化传播中心马兆余先生先后赴江西、安徽、山西等地踏查古迹，研究古代民居，收集了22栋散落民间，被遗忘但有经历、有故事，也有艺术价值和欣赏价值的明清时期残破的老房子，将它们在大洋湾景区复原、修建，充分挖掘这些老房子的历史余韵，赋予其新的文化内涵，打造出"盐渎古镇"。在盐渎古镇，中国古代建筑的结构特征、工艺特点、施工方式、细节设置，以及先民的生活方式和对美好生活的追求一览无余，一栋又一栋历尽岁月沧桑的老房子焕发出新的光彩，再现中华优秀传统文化的辉煌。

天圆地方——桂复堂

　　三进院徽式建筑。原建于江西抚州,是清同治年间翰林院庶吉士（明、清两朝时翰林院内的短期职位,为皇帝近臣）许廷桂的老宅,同治四年（1865年）建成。建筑入口朝东,占地面积约440平方米,平面布局方正,中为厅堂,两边侧室呈对称式分布。整体建筑以木构架为主结构,青砖白墙黛瓦、高墙小窗、流檐翘角、雕梁花窗、飞檐出甍、回廊挂落,结构合理,布局协调,风格清新典雅。木雕、砖雕、石雕古朴典雅,栩栩如生,是江南明清建筑的上乘之作。

桂复堂全景

桂复堂的木雕

桂复堂第一道天井

　　桂复堂里有三道天井，每一道天井都体现了建筑最讲究的风水学。第一道天井照下的阳光，是采光，意喻采天之光；第二道天井的光是计刻时间之光，抑或是计刻时辰之光；第三道天井光照之下是潺潺流水，意谓"肥水不流外人田"。徽商把天井的水流象征为财源滚滚，因此"天井"也展现了徽商聚集财富的文化观念。特别是第一道天井，区别于其他徽派建筑四四方方的结构，呈椭圆形，有中国传统文化中"天圆地方"之意。天井分为上中下三层：最下层为莲花宝座，宝座上面一层是振翅鳌鱼，鳌鱼上飞托着最上层的各路神仙，造型精巧，栩栩如生。

桂复堂第二道天井

桂复堂第三道天井

区别于普通徽派民居，楼阁阶梯不设在主厅两侧，而是在与主厅相连的左右厢房里，可见当年宅主人生活的排场。

古钱币展览馆匾额

桂复堂现为大洋湾景区古钱币展览馆，里面展出的是中国历代钱币的精品，大家在这里不仅可以体验到美轮美奂的雕刻艺术，而且可以浏览了解我国的钱币史，感受古钱币文化的无穷魅力。

翘首长空马头墙——敦怡堂

二进院徽式建筑。清咸丰十年（1860年）进士方启宽故居，原宅建于咸丰年间。建筑入口朝北，占地面积480平方米。布局以中轴线对称分列，面阔三间，中为厅堂，两侧为室，平面布局呈口型。整体为砖木结构。

"粉墙黛瓦马头墙，小桥流水桃源家。"马头墙是徽派建筑的一大特色，形状极具艺术感，还有防火防盗的功能。敦怡堂高高的马头墙墙体面积大，遮盖面广，在防火防盗的同时，还起到分割住宅空间、排除雨水、吸热采光、冬日御寒、夏日降暑的作用。高大封闭的墙体，因为马头墙的遮挡而显得错落有致，简洁的黑白对比，流淌着婉约的水墨之韵，传达着阴阳调和的思想。

敦怡堂全景

敦怡堂正门

进入宅内,映入眼帘的一进院天井是徽派建筑另一大特色——开合式天井,天井收纳的雨水落入院中井来,水代表"财",这样,"财"不外漏。各进皆开天井,亦有"四水归堂"的吉祥寓意。同时天井收纳的雨水在园内构成了一个循环水系统,以备不时之需。天井完善了住宅的通风、采光功能,坐在室内,晨沐朝霞、夜观星斗,经过天井的"二次折光",光线柔和,天、地、家融为一体,给人以静谧之感。

二进院天井处形成一池塘,池水滋润着院内的古树、花蹊,再配以假山和亭阁桥榭,营造出一方灵动幽静的小天地。

敦怡堂装饰在门罩、窗楣、梁柱及窗扇上的砖、木、石雕,工艺精湛,形式多样,栩栩如生。

大洋湾景区将其打造成古文物展馆,展出的是中国当代著名书法家、收藏家姚志忠先生收藏的60多件陶瓷精品,基本涵盖了各时代窑口、釉系、品种,比较全面地展示了陶瓷艺术发展的历史。

和顺堂全景

和顺堂正门

巧夺天工——和顺堂

二进院徽式建筑。原址在江西婺源，是清末婺源著名茶商余德及其家族的老宅，建于清咸丰年间。建筑入口朝东，占地面积约357平方米，平面布局方整，中为厅堂，两边侧室呈对称式分布。

和顺堂的天井

和顺堂门楣上的装饰

"青砖小瓦马头墙，回廊挂落花格窗。"这典雅、精致的徽派建筑，作为中国传统建筑的精华，曾惊艳了数百年的时光。

和顺堂以砖、木、石为原料，木构架为主。外立面青砖，内部厅堂采用与建筑整体风格协调一致的木构架、木格栅门窗、木雕额枋及雕花等构件装饰。

青砖黛瓦、古韵悠悠的和顺堂现为以展示清中晚期江南和浙闽地区婚俗用品为主题的古家具展览馆，游客在欣赏建筑之美的同时，还可以近距离地欣赏到原木家具上不可复制的漆画、木雕等工艺。

典雅大方——慎耻堂

二进院徽式建筑。原宅建于江西九江，是修水县茶商罗氏家族的旧宅，于清光绪十七年（1891年）建成。罗家为当地大族，经营粮食、茶叶，同时十分注重读书考科举。据村里老人回忆，罗家曾把茶叶生意做得很大，尤其红茶远销海外。其中，罗坤化擅长制茶，有"茶大王"之誉，其茶有"太子茶"之称。他制作的红茶曾经被列为沙皇皇室饮品，并得到俄国太子赠送的"茶盖中华，价高天下"金匾。

慎耻堂入口朝东，占地面积约450平方米。布局以中轴线对称分列，面阔三间，中为厅堂，两侧为室，平面布局呈口型。以砖、木为原料，木构架为主，整体看上去黑瓦白墙，色彩典雅大方，飞檐翘角的屋宇与木雕楹柱融为一体，使人仿佛置身于一幅洇染的水墨画。

慎耻堂全景

慎耻堂正门

慎,在古代是谨慎小心之意,有慎言、慎行、慎独之说。"耻"是儒家的一种道德修养,指羞耻之心。"慎耻"就像古人说的"有耻",就是说一个人要有知耻之心。房屋主人将自己的居住之所称为"慎耻堂",即是为了随时对照反省内心,看自己有没有做过羞耻之事。

现在大洋湾景区将慎耻堂打造为三贤堂,纪念"盐城三杰"——宋曹、高二适、胡公石,展示他们的书法造诣和人格气节,弘扬国粹书法艺术。同时,慎耻堂也是盐渎古镇大型沉浸式系列演出《盐渎往事》的特色室内剧场,独幕剧《西洋趣事》在此上演,是目前《盐渎往事》六大室内特色空间演出中最受欢迎的。

慎耻堂的木雕装饰

晋派合院式风格——孝忠堂

　　四合院建筑。出自山西省襄汾县汾城镇薛庄村，旧主翟红原在西北三省经营丝绸、布匹、粮食，在兰州市有多家店铺，民国时期家道中落。孝忠堂始建于清雍正八年（1730年），修缮于嘉庆五年（1800年）。建筑入口朝南，占地面积约695平方米，为传统中国合院式建筑。建筑布局为硬山式三进院，平面呈凹字型，当年为祭祖所用，东西厢房又称正堂院，为原配夫人居住。孝忠堂以砖、木为原料，木构架为主。外立面青砖，内部厅堂采用木构架、木格栅门窗、木雕额枋及雕花等构件装饰，精致细腻，整座院落气势雄伟、色调清雅，青砖黛瓦，古韵悠悠，极富书卷气息，是集民居、民艺于一体的典型清代晋派风格的建筑。

孝忠堂全景

孝忠堂连廊

孝忠堂连廊柱下的石雕

孝忠堂的砖雕

清雅细腻婺源建筑——顺行堂

　　二进院徽式建筑。清代进士张蒲后人的老宅,原建于清同治年间。建筑入口朝南,占地面积约 628 平方米。建筑以中轴线对称分列,面阔三间,中为厅堂,两侧为室,平面布局呈口型。木构架为主结构,承继婺源明代建筑风格,灰瓦叠叠,白墙片片,灰白相间,飞檐斗角,用青砖与砖雕镶嵌,色调清雅。

顺行堂全景

顺行堂侧景

顺行堂梁、柱、窗上的浅雕、深雕、浮雕、透雕、圆雕形成的各种图案多达60组，刀工细腻，工艺精湛，有着深厚的文化内涵，具有较高的艺术价值。

顺行堂的灰瓦装饰

顺行堂的木雕

粉墙黛瓦徽派民居——慎义堂

二进院徽式建筑。建筑面朝南向,面积575平方米,为江西鄱阳名商李家旧宅,建于清同治至光绪年间。李氏族人、乾隆进士李承端曾赋诗一首:"椽笔何人刻上方,文奇字古接苍茫。叮咛神物常呵护,旗上精忠想鄂王。"以表对岳飞无比的敬仰和爱戴之情。

慎义堂全景

慎义堂侧景

此宅为典型徽派民居风格，粉墙黛瓦，庭院围合，正中堂屋，两侧厢房。以砖、木为原料，木构架为主结构。黑瓦、白墙与青砖，融古雅、简洁、精美于一体。

慎义堂的青砖黛瓦

慎义堂的木雕

慎义堂的楼梯及装饰

高大深井式建筑——福彩聚（福德居）

前院、一进与后院徽式建筑。为江西万年江家旧宅，建于清咸丰年间。江家曾为地方大族，族内有光绪年间进士江廷燮。建筑面朝南向，面积544平方米，远望似一座古堡，布局以中轴线对称分列，分前院、中堂、后院三个部分。

福彩聚全景

福彩聚除大门外，只开少数窗，采光主要靠天井。建筑外立面上覆盖有鱼鳞般的小青瓦，俗称"鱼鳞瓦"。鱼鳞瓦使屋顶有鳞次栉比之感，是徽州典型的瓦作方法。此宅以黛瓦、粉壁、马头墙为建筑特征，以砖雕、木雕、石雕为装饰特制，以高宅、深井、大厅为布局特点，充分展现了古徽州独特的人文环境同优美的自然风光完美融合的特色。其隔窗门绦环板，有人物、仙禽、花鸟，构图优美，刻工精细。挑檐木雕花草和祥禽纹样，各具神韵，显示了当年工匠的精湛手艺。

福彩聚的木雕

福彩聚的马头墙、鱼鳞瓦

赣派徽派宫廷建筑集合体——学养堂

二进院徽式建筑。乃浙江衢州刘氏家族祠堂，建于清嘉庆年间，历经两代人、二十多年始成。建筑面朝南向，占地面积2490.3平方米，布局呈长方形，分为前舞台、中厅、左右各两层观望台，是一座集赣派、徽派、宫廷式于一体的建筑。

刘氏家族为当地书香望族。其中刘履芬，字彦清，一字泖生，号沤梦，他幼承家教，又师从名儒王韬斋学文，酷爱诗词，通晓音律。清道光二十六年（1846年），入国子监为太学生。咸丰七年（1857年），捐户部主事。光绪五年（1879年），代理嘉定知县。著作有《古红梅阁集》《鸥梦词》1卷。

三开间的门廊上有高耸的牌楼，如意斗拱承托起翘角飞檐。一柱、一窗、一墙壁，无不精工细作，凸显工匠手艺高超。

学养堂全景

学养堂的牌楼

厅堂主体三层，均挑空，多梁柱支撑。厅堂上挂有"学养堂"匾额。门罩用砖木两雕装饰。第二层设有戏台。挑空的每一层都有宽大的横梁，横梁上刻有戏文人物的木雕，场面宏大、人物众多。木雕采用高浮雕、透雕以及线刻等多种表现手法，将人物神态刻画得活灵活现。

学养堂的戏台及装饰

中庸调和——仁和堂

二进院徽式建筑。是董家旧宅，原宅建于清嘉庆年间，经两代人共建而成。建筑入口朝东，占地面积达720平方米。中庸的布局不偏不倚，折中调和的处世态度在这套古民居的布局上表现得很鲜明。总体布局围绕一条中轴线对称摆放布置。中央是堂屋，两侧为厢房。庭院围合的形式体现了人们的精神寄托与社会文化底蕴。

仁和堂侧景

仁和堂正门

仁和堂整体建筑多为木制，雕梁画栋无不精细。正房的窗子上雕刻着百鸟朝凤的图案，含吉祥如意之意；厢房的柱子上雕刻着百兽绕庭，并以龟虾做陪衬，寄托房主人子孙繁盛的希望。

仁和堂的厅堂及木雕

家和万事兴——丰润堂

二进院徽式建筑。清同治九年（1870年）建成，为江西抚州江氏老宅。江氏为此地儒商，族中曾出音韵学家江永。建筑入口朝东，占地面积336平方米。

厅堂梁枋全部用木雕装饰，梁有雕刻精致的染托，梁柱之间饰有木雕挂溶，雕工精细。整个木雕装饰突出"家和万事兴"的主题。窗上刻有狮子滚绣球和鲤鱼跳龙门图案，额枋、平板枋上刻有如意卷草纹，细腻传神，表现宅主耕读生活的心境和吉祥如意的愿望。

丰润堂全景

丰润堂厅堂梁枋的木雕装饰

细腻传奇忠义浪漫——善存缘

二进院徽式建筑。建于清咸丰年间，江西赣州胡氏家族（胡化鹍后人）旧宅。建筑面朝南向，占地面积953平方米，砖木结构。雕梁画栋的古宅，处处体现出细腻、传奇、忠义、浪漫的气质。胡氏以诗礼传家，族中人才辈出。道光八年（1828年）胡麟中乡举，后四次会试不第，回乡与其兄化鹍在乡里举办公益事业，设立义仓，订立乡规民约，义务尽职。主讲潋江书院和宝贤书院，日夜不倦。著有古文辞十余卷，于咸丰年间，加光禄寺署正衔。

善存缘全景

善存缘的雕梁画栋

飞檐翘角素雅稳重——乐福厅

二进院徽式建筑。江西景德镇李家旧宅，原宅建于清道光年间。建筑面朝南向，面积达798平方米，布局以中轴线对称分列，面阔三间，中为厅堂，两侧为室，平面布局呈日型，砖木结构。黑瓦、白壁、马头墙、小窗映入眼帘，飞檐翘角的屋宇，明朗而雅素，黑瓦、白壁、马头墙和小窗，平淡却耐人寻味。

乐福厅正门

乐福厅高大的马头墙

乐福厅门罩整体做彩绘修饰，稳重洗练。屋脊端部有鳌鱼，檐部额枋等处都有各种花卉卷草装饰，整体彩绘，色彩绚丽而不失雅致。木雕、石雕上为古代演绎以及民间风俗题材图案，人物、花卉、山水，雕工精细，栩栩如生。

建筑现为大型沉浸式系列演出《盐渎往事》"锦书情思"场景的室内表演场地。

乐福厅正门

乐福厅的多彩装饰

歇山牌楼东方韵——适时堂

适时堂正门

适时堂的歇山顶牌楼式

一进院徽式建筑。江西丰城芦荻曹家旧宅，原宅建于清光绪年间。曹家为本地有名的药材商，族内有人经商但更重视读书，乾隆年间进士曹城便是读书有成的代表之一。建筑面朝南向，占地面积633平方米，为三间四柱歇山顶牌楼式，平面布局呈口型，砖木结构。

适时堂这个名字，非常适合曹氏家族经营药材的职业特征，中医治病，强调因时制宜，便是"适时"，为人处世也是如此。适时堂为我们塑造了一个具有东方人文环境特色的精神世界，具有很高的艺术价值。

该宅集建筑设计、木雕、石雕、砖雕和彩墨画为一体,历经多年风雨洗礼而风采依旧,古韵犹存。

如今的适时堂在盐渎古镇承担了传递盐文化的角色,堂内搭建了百年前盐渎人熬制海盐所用的盐灶,陈列了许多熬盐晒盐所需要的工具,形象生动地展现了盐城独特的海盐文化,系大型沉浸式系列演出《盐渎往事》"欢盐笑语"场景的室内表演场地。

古韵犹存的适时堂建筑设计、装饰

悬山卷棚杨氏宅——贤德堂

四合院晋派建筑。出自山西省新绛县泽掌镇北苏村，旧主杨可荐，杨可荐曾为京官，其后人分布于河南开封、洛阳，开设票局、钱局、瓷器店、布店。贤德堂始建于清乾隆十年(1745年)，修缮于道光七年(1827年)，建筑面朝南向，建筑面积429平方米，屋顶为卷棚悬山式。

贤德堂全景

贤德堂正门

贤德堂的屋架及承重梁均为砖木结构,四面插廊,廊柱均一字排开,每根露明柱下有精美的须弥座做柱基石,木雕、石雕、砖雕,精美大方。原建筑左右跨院(账房、库房、厨房)收购时已不存在。

贤德堂连廊

贤德堂连廊砖雕

贤德堂廊柱须弥座基石石雕

贤德堂照壁砖雕

连廊环通晋民居——诚仁堂

　　四合院晋派建筑。出自山西省运城市盐湖区苦池村，旧主姓陈，为当地有名的盐商。诚仁堂始建于明万历二十年（1592年），修缮扩建于清康熙八年（1669年），后又经多次修缮，最后一次修缮于民国三年（1914年）。建筑面朝南向，原占地面积约3000平方米，建筑面积约2000平方米，本院是其中面积最大、建筑最宏伟的一座院落，占地面积约621平方米，建筑面积约414平方米，正房为扩耳五间，东西厢房为三间插廊，均为砖木结构。

　　建筑下部为砖墙饰面、上部涂料粉刷，内部木构架连廊环通，木格栅门窗装饰。入口的斗拱门头结合砖雕照壁，营造出北方建筑的气势，额枋雕刻精美，砖雕造型独特。

诚仁堂正门

诚仁堂正门上的木雕

诚仁堂连廊砖雕

诚仁堂连廊

古雅简洁富丽楠木柱——澍德堂

三进院徽式建筑。江西吉安市吉水县曾家后人旧宅。曾家为当地大姓，在明代曾有"一门三进士"之美名。建筑入口朝南，占地面积580平方米，平面布局简洁实用，以中轴线对称分列，为五竖三间式，面阔五间，中为厅堂，两侧为室，布局呈口型，二层建筑，青砖灰瓦，整体色调清雅，集古雅、简洁与富丽于一身。

现为盐渎古镇游客服务中心。为契合民国风情小镇特色，澍德堂宅内装修风格为民国复古风，放置了黑胶唱片、留声机、打字机等一系列民国老物件。步入澍德堂，穿越时空去到那个风情万种的民国时代，感受民国时期的盐渎风貌。

澍德堂正门

澍德堂俯视图

房屋内部均为木架构，建筑材质极其考究，室内柱子全部为珍贵的金丝楠木。门檐窗棂有石雕、木雕装饰。木雕工艺极为精细，天头、漏窗都用穿花。装饰手法有"锯空双面雕""拼斗雕""斗嵌雕"等。中堂皆开天井，采光通风，亦有"四水归堂"的吉祥寓意。庭院天井则植树养花。

澍德堂的木雕

澍德堂的石雕

澍德堂的砖雕

别具一格细雕琢——惠存堂

三进院徽式建筑。江西鹰潭王家旧宅，建于清咸丰年间，经过嘉庆进士王恩注父子两代人修建而成。建筑入口朝南，占地面积664平方米，砖木结构，布局以中轴线对称分列，面阔五间，中为厅堂，两侧为室，平面布局呈口型。

惠存堂正门

惠存堂俯视图

此宅徽派马头墙遮盖面广，防火防盗、冬暖夏凉。院内木雕砖雕别具一格，细部刻画生动，所雕花卉卷草纹饰、人物戏曲典故、山水造景工艺精巧，清新淡雅，栩栩如生，显示了工匠高超的雕刻工艺，使徽派建筑文化的造型美感及文化底蕴得到系统的传达。

惠存堂别具一格的雕饰

富丽堂皇古戏楼——观贤堂

观贤堂来自明代戏剧大师汤显祖的故乡江西临川，是盐渎古镇的招牌。建筑入口朝南，占地面积2200平方米，纯砖木结构，是古镇最大的建筑。戏园含戏台和大天井，戏台是最漂亮的，布局以中轴线对称分列，面阔五间，中为厅堂，两侧为室。主体二层，每层各十六间房。

观贤堂全景

观贤堂正门

迈入观贤堂便可看到"德懋杖乡"牌匾，语出《礼记·王制》："五十杖于家，六十杖于乡，七十杖于国，八十杖于朝，九十者，天子欲有问焉，则就其室，以珍从。"展现出周礼以老为尊的文化传统。

进入二进天井，迎面是一处刻有《朱子家训》的清道光年间的石墙。《朱子家训》共631字，整篇以名言警句的形式呈现，作为治理家庭和教育子女的座右铭，诠释了中国几千年来形成的道德教育思想，自问世以来就流传甚广，被尊为"治家之经"，清朝至民国年间一度成为童蒙必读课本之一。天井下面形成一片池塘，池中有小船载着群花装饰。

"德懋杖乡"牌匾

《朱子家训》石刻

戏台是宅中最主要的角色，坐南面北，是三进两厢两层构架的徽派建筑，围楼上下皆可提供最佳的观赏席位和观赏角度。舞台以"布局之工、结构之巧、装饰之美、营造之精"而被世人称奇。台面挑檐，额枋间布满装饰的斗拱或斜撑，雕刻着各种戏文、花鸟图案。两侧看台长廊由石柱或木柱擎起，观戏楼饰以精巧的木雕花板及花鸟虫鱼油漆彩画，保留得如此完整的古戏台，全国罕见，整个戏园就是一座建筑的活文物、木雕的博物馆。

古老的戏楼，经历过中国戏曲的昔日辉煌，也目睹过当年人们最鲜活的民俗生态。历经200多年岁月，古戏楼在经历辉煌、沉寂后再次迎来蓬勃生命力，以网红打卡、主题演艺的形式，带领广大市民和游客体验盐城独特的盐文化底蕴。

古戏台

飞檐翘角的门楼

开合天井过廊连——首望楼

二进院徽式建筑。出自福建南平，是咸丰进士万培因家族旧宅，始建于清咸丰年间。建筑入口朝南，面积480平方米，砖木结构。

开合式天井，两端是过廊，两边各置一小门，四周用方形石柱承托檐桁。从天井上一台阶进入中栋大厅。大厅六柱五开间，中三间为明堂，两侧置厢房，中置花鸟、山水、人物雕花屏门。厅堂前后横梁上悬挂着"星见老人"牌匾。空间分割全采用木质结构，木刻雕工精美无比，有人物、山水、花鸟、走兽，一幅图、一段故事、一种寓意，为古宅增添了丰富的人文色彩。

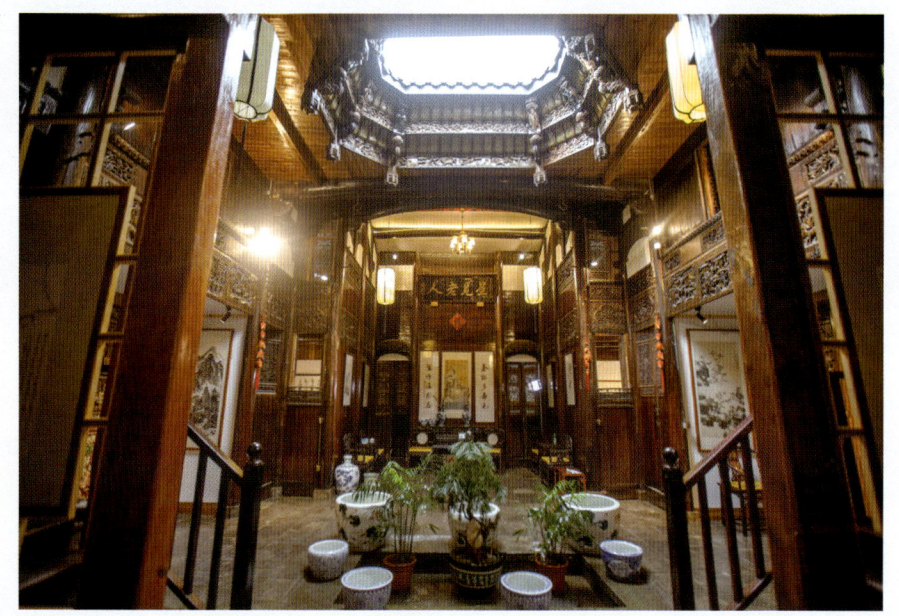

精美的内部装饰

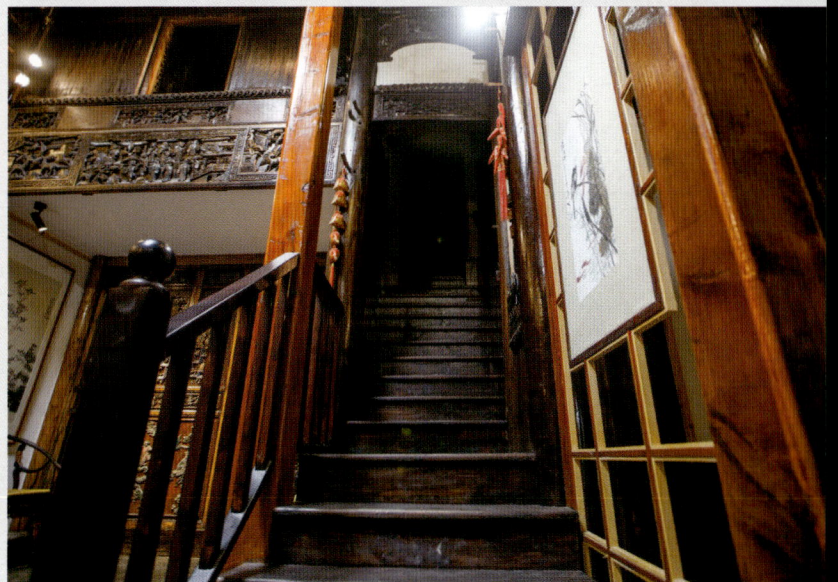

精美的内部装饰

三、古建筑群形成聚合效应

　　大洋湾景区牢记习近平总书记要求，坚持"两创"方针，深耕人文沃土，大力弘扬盐渎精神，为丰富盐渎古镇民国场景，集中展现民国风貌，打造民国风情小镇沉浸式"演、展、商"空间，在古镇内复原、修建22座古宅，又新建了15栋仿古建筑，形成了古建筑群，构建起充满民国风情的大型古镇。走进盐渎古镇，犹如进入一幅充满民国历史风情的画卷，这里融合了清末民初的老盐城特色，飞檐翘角、青瓦白墙、砖雕门楼的古建筑，青石板铺就的甬道，墙壁上的旗袍画，路边的老式邮筒，街角的黄包车以及电影院、茶楼、票号，等等，处处显露出别致的风情和韵味。游人如织、产业繁荣，人们在此住宿餐饮、休闲娱乐、体验文化，建筑群聚合效应得到充分显现，文化创新性发展和创造性转化也在这种聚合效应中得到实现，中国式现代化建设的精神动力源源不断。

夜色中的盐渎古镇

夜色中的洋湾码头

灯火里的盐渎古镇

雪中的顺昌和裁缝店

盐渎古镇街景

盐渎古镇街景

盐渎古镇街景

仿民国时期的广告牌、洋车

仿民国时期的广告牌

洋湾时光歌舞厅

江远洋货进口公司华兴钟表行

三晋源票号

《盐渎往事》演出场景

第二辑

担当文化传承新使命

　　文化关乎国本国运。在新的起点上继续推动文化繁荣、建设文化强国、建设中华民族现代文明,是我们在新时代新的文化使命。文化传承发展在时间维度中,不仅意味着今人连接古人,还意味着今人传向后人,让中华文脉传承弦歌不辍、历久弥新。文物活化利用作为"源头活水",是推动文化繁荣、促进文化传承发展的不竭动力。

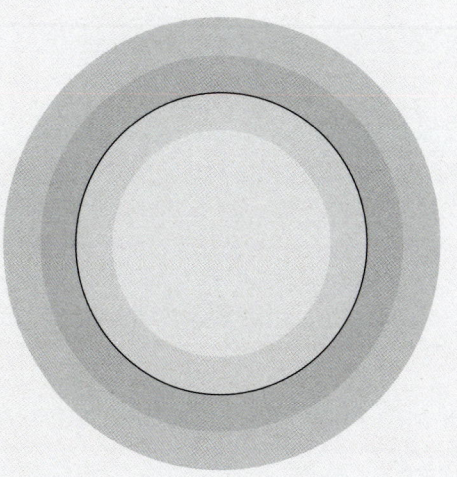

一、展馆文化——走进展馆，感受历史文化魅力

展馆是保护和传承人类文明的重要殿堂，是连接过去、现在、未来的桥梁。2021年，大洋湾景区为了提升游客体验感、丰富景区文化内容，将盐渎古镇中敦怡堂、慎耻堂、桂复堂、和顺堂这四座古建筑分别打造成古文物展馆、三贤堂、古钱币展览馆、古家具展览馆。这里的藏品，彰显了中华五千年文化的匠心辉煌，为后人留下一段看得见的历史，让更多的人了解这些藏品及其背后的故事和蕴含的文化魅力。

古文物展馆

敦怡堂有一种让人靠近就静心的魔力，而品鉴古文物同样需要极大的耐心。敦怡堂的环境与跨越千年的古文物是如此契合，于是被大洋湾景区打造成古文物展馆，也因古文物的加入愈发光彩夺目。

古文物展馆展品以姚志忠先生支持的60余件文物为主，展出不同时代的瓷器、青铜器、字画、宝剑等，并恰当地运用灯光等辅助手段，庄重、大气，充满历史感。

古文物展馆展出的文物

三贤堂

中国书法作为古老的汉字书写艺术，伴随着中国文明走过漫长的发展历程。在两千多年的历史长河中，人杰地灵的盐城孕育出了在书法界享有盛名的三位杰出代表——宋曹、高二适和胡公石，为了纪念盐城书坛三杰，大洋湾景区将慎耻堂打造为三贤堂，展示他们的书法造诣和人格气节，弘扬国粹书法艺术。

三贤堂内景

书法让人静心、养神，在满是墨香的三贤堂走走停停，不仅是看字的写法，更多的是体会书法家大道至简的精神世界。笔随时代，墨见精神。中华书坛盐渎三贤，以其毕生不辍的笔墨实践和古道照人的文心所向，焕发出书法艺术崭新的审美价值，滋养今人的思想与灵魂。这是一座典雅唯美的艺术殿堂，也是一个与古为新、知者创物的精神与学术空间。

三贤堂展陈

古钱币展览馆

中国是世界上最早使用货币的国家之一，使用货币的历史已有四千多年，经历了从实物货币、金属称量货币、铸币再到纸币的发展历程。古钱币展览馆所展陈的钱币是由盐城市收藏家协会原副会长徐守璜先生提供的从先秦到中华人民共和国第五套人民币不同时期的货币。

在展馆内，可以观看讲述徐守璜先生生平的纪录片，了解他收藏古钱币的心路历程以及对后人的意义，感受古钱币带来的无穷魅力。置身展馆，既能领略收藏的乐趣和价值，又有一种穿越时空、返璞归真的感觉，长知识、开眼界。

古钱币展览馆雕塑

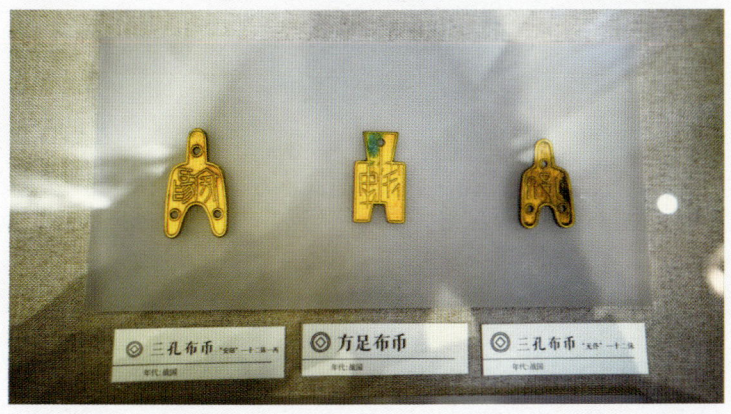
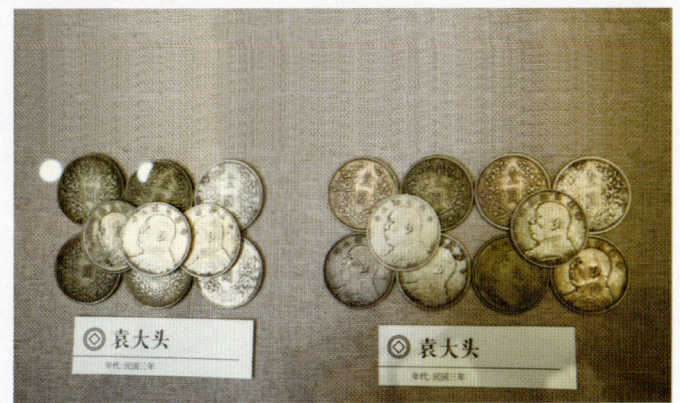

古钱币展览馆展出的部分钱币

古家具展览馆

中国古建筑就像一个容器,承载着传统文化,等待我们去发掘和传承。大洋湾景区深谙此道理,将和顺堂打造成展示以清代中晚期江南和浙闽地区婚俗用品为主题的古家具展览馆。展览馆以场景呈现、半开放陈列方式主要展示拔步床、架子床等精美古床,辅以木雕椅、木雕柜及其他各式精品木雕家具。

古家具展览馆匾额

五进拔步千工床

古家具展览馆的镇馆之宝，看到它的人无不为其精工细作叹为观止。该床以戏曲人物鎏金雕刻工艺制作而成，手法细腻、工艺讲究、刻画内容丰富、整体美观大气。晚清时期，有大财主员外家给子女配婚时，请三位木匠师傅花上一年多时间才能打造出来这样的拔步千工床，是家族富有、地位显赫的象征。婚嫁时将名贵的物品摆放在两旁，如寓意吉祥的雕花、精雕细琢的储物柜等等。古时所谓的"十里红妆"的奢华，通过这一方精美打造的天地可见一斑。

大漆鎏金雕刻架子床

清中期用楠木制成，是闽北地区的客房床。该床工艺细腻、整体美观大方，彰显出主人的高贵气质。

朱红鎏金四开门大柜
清代时期的柏木大柜，规格高大，用高浮雕工艺制作，是江南古镇婚俗文化中的大件之一。

此外，藏品中不少原木家具上的漆画、木雕等工艺是不可复制的，大洋湾景区打造这样一个展览馆就是希望能为后人留下一段看得见的历史，让更多的人了解这些藏品及其背后的故事。

古家具展览馆的木雕

二、演艺文化——沉浸式演出，赓续盐渎精神

文化是一座城市的灵魂。演艺创作是对文化的一种有效的表达方式，演艺创新能让文化直抵人心。2022年7月1日晚，由燕舞集团有限公司、盐城大洋湾组团开发有限公司出品，山地（北京）商业管理有限公司监制的大型沉浸式系列演出《盐渎往事》在盐城大洋湾景区盐渎古镇隆重上演。《盐渎往事》以电影级全场景制作，还原民国时期盐渎百姓的生活面貌，用唯美的歌舞、动人的故事以及全新的表演形式，为盐城文旅市场增添新的活力。

《盐渎往事》由四大室外片区＋六个室内空间的日间演出及90分钟的夜间演出两部分组成，形成供游客品味盐城文化底蕴、享受更多沉浸式休闲娱乐的文化旅游产品。白天游园，夜晚看戏，吃喝玩乐全都有，男女老幼皆相宜。

《盐渎往事》演出场景

日间演出

包括室外片区和室内空间两部分,遍布古镇四大片区及六大古宅院。故事以民国时期古镇为背景,讲述顾、凌两大家族儿女在时代命运的变革挑战之下团结进取、开拓创新的盐渎精神。沉浸式全场景化包装下的古镇街区处处皆舞台,既突出文旅融合特色,也丰富了游客的旅游体验。

品盐渎烟火——室外片区情景重现

以"盐渎盛典""古宅情愫""新盐远航""时光驿站"为主题,引入沉浸式文旅新业态,让游客沉浸于民国怀旧场景,感受盐渎烟火。

"盐渎盛典"场景

"新盐远航"场景

观盐渎儿女——室内空间景致新奇

室内演出场地分布在六大古宅院中，融入沉浸式演艺与全新互动体验式玩法，通过"祠堂好戏""锦书情思""西洋趣事""欢盐笑语""闺楼烟雨""洋湾时光"6个场景，展现盐城民国时期的兴盛与繁荣，让游客亲身参与一场年代大戏。

"祠堂好戏"场景

"西洋趣事"场景

"盐渎喜事"场景

夜间演出

演出主要以顾、凌两家对于小镇未来发展所坚持的新旧理念的碰撞，以及顾家小姐与凌家少爷的爱情故事为两大主题线索，通过场景话剧、歌舞、戏曲、淮剧等艺术融合的表演形式，佐以艺术灯光、全息投影、多媒体控制等，将围绕故事发展核心的各人物形象、人物故事生动立体地呈现出来，使观众得到真正的自然沉浸式体验。家族振兴、儿女情长，以盐渎百姓的生活故事展现百年古镇与时俱进、勇于变革的人文风貌。

"古镇烟火"场景

三、文物鉴赏文化——弘扬海盐文化，传承历史文脉

文物是人类宝贵的历史文化遗存物，有悠久的历史、丰富的内涵、优美的造型、百看不厌的纹饰以及听不完的故事。文物鉴赏就是去发现、挖掘文物的固有价值，将其展示于世，使人们能分享它们的美，满足人们文化上、精神上的需求，传承历史文脉。

海盐文化不仅是盐城之魂，更是中华民族优秀传统文化的重要组成部分，展现了中华民族勤劳、勇敢、智慧、创新的民族精神。

《一槌定音》栏目活动现场

2023年6月8日，大洋湾景区在盐渎古镇美术馆承办由央视《一槌定音》栏目和盐城市委宣传部联合主办的大型公益鉴宝海选活动，堪称一场藏品展示与鉴赏的文化盛宴。

活动当天，来自全市各地近千名藏友携带2000多件藏品来到现场，活动中专家们不仅谨慎、认真地鉴定每件藏品，还积极向藏友们传授收藏与鉴别知识。活动挖掘了一些海盐文化藏品，比如清光绪十一年（1885年）间的盐商执照，充分展示了盐城深厚的文化底蕴。

本次活动挖掘的海盐文化藏品，展现了盐阜大地的海盐文化、红色文化，对延续城市历史文脉、促进盐城民间收藏规范发展、保护和弘扬中华文化起到了积极作用。

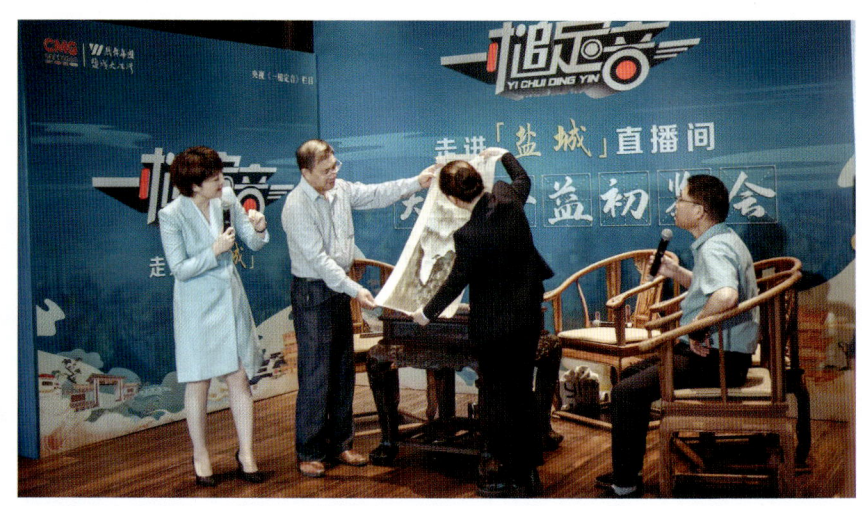

专家讲宝

专家仔细鉴定藏友藏品

藏友交流和欣赏藏品

四、饮食文化——打造八大碗文化,讲好盐城故事

"盐城八大碗"是指烩土膘、大鸡抱小鸡、红烧糯米圆、萝卜烧淡菜、涨蛋糕、芋头虾米羹、红烧肉和红烧刀子鱼,是淮扬菜系中的一支流派,除具有半汤半水、半荤半素、人文关怀、健康养生等特点外,还具有显著的盐城地域文化特征,其菜肴烹制技艺经过世代传承,现已成为盐城最具特色的美食品牌,承载着一代代老盐城人的"乡愁"。八大碗餐饮管理有限公司配备了专业的餐饮管理团队,集结了一批有能力有经验的国家级烹饪大师和服务大师等实干型人才,致力于挖掘盐城餐饮文化,打造盐城特色美食,进一步促进"盐城八大碗"品牌和盐城特色餐饮文化的传播和推广,把"一碗好饭"做得更有味道、更有故事、更有文化。

"盐城八大碗"全家福

"盐城八大碗"概况

盐城先民"煮海为盐",在漫长的与自然和命运的抗争中,在创造物质文明的同时,孕育了独特的海盐文化,千百年来,逐步形成了带有普遍共性的人文精神、价值观念、行为准则和根深蒂固的民俗民风,同时也形成了盐城最具地方特色的饮食文化。"盐城八大碗"的起源,与盐城人口的迁徙、盐城独特的原料和盐民"煮海为盐"的活动息息相关。随着社会的发展,盐城人民在婚丧嫁娶、生日满月等活动中,慢慢形成了以大碗盛装的团体聚餐模式,且都是八仙桌,八人一桌,因此以八道菜最为常见,逐渐形成了具有地方风味特色的盐城八大碗宴席。

经过近两千年的传承和发展,八大碗宴席演变为今天的"盐城八大碗",并形成了上八碗、中八碗、下八碗,分别以鱼翅席、鱼膘席、土膘席命名。

2017年9月,"盐城八大碗"被国家工商行政管理总局商标局核准注册成为全国首例地方特色系列菜肴集体商标;2019年,盐城八大碗博物馆建成开放;2023年,"盐城八大碗制作技艺"被列入江苏省非物质文化遗产代表性项目名录,成为盐城市亮丽的餐饮名片。

"盐城八大碗"寓意

关于"盐城八大碗",民间流传最广的是下八碗,每道菜都有一个传说,都有一个美好的寓意。

烩土膘

特点:肉皮软糯,味鲜汤美

寓意:求贤若渴,礼贤下士

大鸡抱小鸡

特点:口感柔滑,汤鲜味美

寓意:母慈子孝,舐犊情深

红烧糯米圆

特点：香糯可口，劲道十足

寓意：顺顺利利，团团圆圆

萝卜烧淡菜

特点：清爽怡人，淡菜鲜嫩

寓意：同舟共济，真情实意

涨蛋糕

特点：色泽诱人，味道鲜美

寓意：兄弟和睦，步步高升

芋头虾米羹

特点：汤汁粘稠，入口爽滑

寓意：祈遇贵人，好运连连

红烧肉

特点：肉香浓郁，肥而不腻

寓意：事业兴旺，生意红火

红烧刀子鱼

特点：鱼肉鲜美，色泽诱人

寓意：家庭美满，连年有余

附 录

推动文化产业高质量发展是进入新时代的必然要求,也是人民群众对新文化产品的迫切需求。盐渎古镇积极推进以文化人、以文惠民、以文兴业,依托15栋仿古建筑,在商业街区沿街建立了祥和相馆、花好月圆(婚纱写真摄影店)、民国风情文化产业综合体(包括朝花夕拾茶庄、剧本杀体验馆、大顺昌南北货、大光明电影院)、玛蔻空间咖啡馆、悦洋布行(旗袍体验馆)、洋湾时光歌舞厅、美食小吃中心等,既为游客游览提供了方便,又让游客体验了民国文化风情和盐城特色文化,延续了城市历史文脉。

小吃文化

大名堂小吃中心

大名堂小吃中心以盐城、安徽、江西、山西等地民国市井知名小吃为主,搭配饮品、轻食等,是游客开启舌尖味蕾之旅的好去处。

演员展示为游客上茶

美食小吃中心的小吃

美食小吃中心

美食小吃中心是一个以文化旅游发展为目的，配套特色餐饮、文化体验等为一体的综合服务项目，是向全国乃至世界展示"舌尖上的盐城"、打造盐城特色美食文化品牌的窗口。

咖啡文化

玛蔻空间咖啡馆，经营咖啡甜食、网红书店、精酿啤酒、定制轻食、玛蔻文创等，是适合各类团体进行沙龙交流活动的人文艺术空间。

品尝精酿啤酒

体验文化

老城记忆

主营以大型沉浸式系列演出《盐渎往事》为 IP 设计定制的盐渎文创系列产品，包括仿民国时期的八音盒、火柴、香烟盒、金属制书签、小人书、信封、信纸、笔等。

勾起人们对盐渎老城记忆的各色小店

民国小摆件

民国火柴

小人书

花好月圆（婚纱写真摄影店）

利用大洋湾景区环境优势，结合盐渎古镇民国主题特色，为新人提供婚纱、旗袍、摄影、户外婚礼等服务，为游客提供个人以及团体写真拍摄服务。

喜结良缘（汉服体验馆）

馆内有儿童、成人汉服以及相关配饰、道具，在展示汉服文化的同时，也提供汉服租赁服务，带给游客不一样的游玩体验。

悦洋布行（旗袍体验馆）

系古镇特色民国换装体验中心和旗袍展览中心。游客在馆内可以详细了解旗袍的发展历程，交流对传统文化的感悟，更好地了解和传承旗袍文化。

民国风情文化产业综合体

位于盐渎古镇鱼市口广场西侧，由朝花夕拾茶庄、剧本杀体验馆、大顺昌南北货、大光明电影院组成。

朝花夕拾茶庄

为复古式装修风格，有大碗茶、各地名茶以及茶具、茶宠、茶叶销售，配以坚果、糕点套餐，游客可以在这里体验民国市井风情。

剧本杀体验馆

以盐渎往事为故事背景改编而成的沉浸式剧本杀体验馆，集角色扮演、推理、查证等元素于一体，通过换装、实景还原、真人NPC（非玩家角色）演绎、音乐烘托等方式带给游客沉浸式体验。

大顺昌南北货

有民国时期的老物件、玩具、旅游小商品等各类商品多达几百种，展现民国时期人们的日常生活。

大光明电影院

有民国时期电影及影像资料播放，让游客更多地了解民国历史，也是小朋友学习近现代史的场所。

祥和相馆

采用 170 多年前发明的湿版摄影技术,还原古老影像,同时与胶片摄影、数码摄影相结合,游客在此不仅可以体验用民国"倒影"成像的相机拍摄,还可以亲自参与胶片冲洗的过程,趣味性十足。

洋湾时光歌舞厅

盐渎古镇网红打卡点之一,也是大型沉浸式系列演出《盐渎往事》的演出空间之一。进入洋湾时光歌舞厅,光影摇晃、霓虹闪烁,台上精彩节目轮番上演,台下人们觥筹交错,这是完全不同于古镇风情的另一番天地。

大洋湾景区从中华优秀传统文化中汲取营养，在体育运动中寻找力量，与国家体育总局联合打造全国体育运动学校联合会青少年高尔夫培训基地，承办中华龙舟大赛（江苏·盐城站）、全国沙滩排球锦标赛、全国滑板锦标赛暨全运会资格赛等全国性赛事，让体育与文化有机结合、交相辉映，带动更多人参与体育运动，展现团结拼搏、勇攀高峰的体育精神，传承期盼民族幸福安康的中华优秀传统文化。

大洋湾高尔夫球会、青训基地

大洋湾高尔夫球会的场地草坪面积约6.4万平方米，含1500平方米真草打席，5个目标果岭，2个推、切杆果岭及沙坑障碍，配套30个标准打位。练习场配套3层服务用房，餐饮、专卖店、水吧、4间VIP房间、2套世界场地的设计和建造，都是按照美国高尔夫球协会（USGA）的标准建设的，无论是硬件还是软件都是高标准。

大洋湾高尔夫青训基地成立于2021年，是隶属于国家体育总局建设项目的专业高尔夫综合训练基地。分为青少年高尔夫及成人高尔夫两大教学模块，拥享完善的室内外硬件配套，依托大洋湾高尔夫球会资源及冠军级高尔夫师资力量，通过技术体能双系统的榜样式教学模式，为高尔夫启蒙、高尔夫进阶及高阶选手提供专业的教学指导，致力于推广高尔夫运动，提升高尔夫运动爱好者的技术能力，培养高尔夫专业人才，推动高尔夫体育运动的持续发展。

青少年高尔夫教学平台

通过完善的教学配套、专业的技术指导，使青少年拥有健康的体魄，养成阳光自信、坚韧自律、诚信友善的品格。青少年高尔夫教学平台集合高尔夫资源，为青少年搭建高尔夫全路径培养体系，帮助规划青少年身心成长、学业发展及职业发展路径。

大洋湾高尔夫青训基地训练

成人高尔夫教学平台

专注于成人高尔夫教学指导，从技术、战略、体适能等多维度为成人高尔夫入门、高尔夫研习、高尔夫进阶提供专业教学支持。教练团队拥有丰富的大赛实战经验及大量的教学辅导案例，擅长以精准高效的培养方法及解决方案为不同基础的学员制定专业教学计划，满足各阶段学员提升高尔夫技术及强化体能的需求。

成人高尔夫入门学习

中华龙舟大赛

龙舟比赛是中华民族传统水上体育项目，承载着厚重的优秀传统文化，展现了团结拼搏、勇攀高峰的体育精神，有着广泛的群众基础。中华龙舟大赛是由国家体育总局社会体育指导中心、中央广播电视总台体育青少节目中心、中国龙舟协会主办的目前国内赛事级别最高、竞技水平最高，奖金总额最高的顶级龙舟赛事。2018年和2019年，曾连续两年在大洋湾景区成功举办中华龙舟大赛分站赛，2023年中华龙舟大赛在大洋湾再度重启。每次大赛中央电视台体育频道（CCTV-5）、体育赛事频道（CCTV-5+）均全程直播。承办赛事有力提升了盐城城市形象，展现了盐城人团结拼搏的奋斗精神。

传统龙舟赛是一项集群众性、娱乐性、竞速性于一体的民族传统体育活动，也是一项以节日为载体、祝愿民族幸福安康的民俗活动，"人心齐，泰山移"，龙舟赛充满了团结一致、顽强进取的精神。当今的龙舟运动已进入新的阶段，完成了传统民俗活动向现代体育运动项目的转型，成为以中华龙舟传统文化为核心精神的现代竞技体育项目。大洋湾景区通过承办赛事，为市民提供了与龙舟文化深入交流的机会，让人们感受端午文化内涵，同时传播传统龙舟精神，让中华传统文化更好地融入体育运动，让体育精神融入人们的生活。

2023年中华龙舟大赛盐城分站赛比赛现场

大洋湾沙滩排球赛基地

沙滩排球是一项风靡世界、充满激情与活力的奥运体育项目，融体育、时尚、自然于一体。大洋湾沙滩排球赛基地位于大洋湾景区南门东侧的大洋湾沙滩嘉年华区域。沙滩嘉年华区域分为沙滩排球赛区、万人沙滩浴场区、沙滩嘉年华演艺区、沙滩烧烤区，设有沙滩大剧场、沙滩烧烤、沙滩足球、沙滩排球、儿童游乐设施、百米泳道等。

基地拥有国际标准沙滩排球场地1片，训练场地6片，可举办国家体育总局批准的全国A级赛事。2019年、2020年、2021年成功举办三届盐城大洋湾沙滩排球城市邀请赛，2020年举办首届大洋湾沙滩足球嘉年华。2019年、2021年承办"盐城大洋湾杯"全国沙滩排球锦标赛，比赛期间，除了白天精彩的排球比赛，晚上大洋湾沙滩音乐节也同时拉开帷幕，多个音乐组合亲临现场，与球员互动献唱。观众一边品尝美食，一边观看精彩的球赛，还可以去音乐现场嗨上一曲，与沙排运动员互动游戏，体验不一样的沙滩运动文化。

此外，基地还将其中2片训练场地改造为沙滩足球场地，为广大游客提供沙滩排球、沙滩足球体验。

"大洋湾杯"2021年全国滑板锦标赛暨全运会资格赛开幕式

比赛场景

大洋湾滑板奥运积分赛基地

滑板奥运积分赛是全球滑手获得奥运会参赛资格的唯一途径。大洋湾滑板奥运会积分赛基地位于大洋湾景区南门入口东侧，占地面积约5000平方米，包括1片1375平方米的街式滑板场地，1片1350平方米的碗式滑板场地，以及看台、配套服务用房和功能帐篷用地等。"大洋湾杯"2021年全国滑板锦标赛暨全运会资格赛即在此举办。

基地为广大滑板爱好者提供更大的舞台以及更多的关注，通过承办更多高水平赛事，让更多的群众有机会近距离观看高水平滑手表演并与之交流，在欣赏技术的同时，感受滑板文化，将滑板的种子播撒在更多人的心中，让更多年轻人通过滑板运动认识更多朋友，在运动中成长，让生活更加丰富多彩。

塑造大洋湾康养品牌

大洋湾景区以城市休闲功能为基础,以本土文化为依托,以新型康养休闲文化为导向,用大洋湾历史印记和故事及古典园林体现文化古韵,提升景区文化品位,围绕水、绿、古、文、秀等做足文章,将大洋湾打造成集城市观光、休闲度假、游乐观赏、健康养生为一体的康养休闲文化集聚区,全力塑造大洋湾康养品牌。

大洋湾景区小瀛台和虹桥

登瀛阁

登瀛阁是大洋湾景区的地标性建筑，是景区核心区域的中心制高点。建筑高大、壮美，与景区古建筑保持和谐一致的风格，采用唐宋风格仿古结构，出檐深远，体量高大，设置平坐，四面出抱厦。

大洋湾因海成陆、因海成湾，登瀛阁是盐城以及大洋湾海盐文化的象征。古盐城又称为瀛洲，据《山海经》记载，古时候海上有三座神山，分别是方丈、瀛洲与蓬莱，所以瀛洲有"海上之仙山"的意思，登瀛阁便是取"登临仙山之阁"的寓意。"此地无山喜有台，南瞻北眺两宜哉"，登瀛阁让大洋湾有了"山"，也让中国唯一一座没有山的城市——盐城，多了山景。

登瀛阁建筑面积地上 973 平方米，地下 981 平方米；建筑层数地上 5 层，地下 1 层；建筑高度 33 米，檐口高度 28 米，土山高度 15 米，总计高度为 47.68 米。一层正门檐下匾额"登瀛阁"三字由中国书法院院长管峻题写。由文化部原副部长、故宫博物院院长、中华诗词学会会长郑欣淼先生等所撰写的楹联分别描述高阁流丹、凌云望鹤，起到了画龙点睛的作用。登瀛阁的西麓便是人工瀑布，飞流直下如银珠落地，鼓瑟有声，蔚为壮观。

登瀛阁全景

唐渎里

唐渎里位于大洋湾景区南门，以满足人们对情怀、文化的诉求为己任，打造沉浸式的休闲街区，建有名小吃美食区、非遗文创区、湿地特色餐饮区、夜游区四个主题街区。同时，以唐文化为主线，打造了唐渎里长街宴、沙滩篝火节、大洋湾湿地美食文化节、唐韵焰火秀、福禄寿喜财上元节、唐渎里女儿会等主题活动，让人们充分感受盛世大唐的繁华市井，通过传播汉唐文化、演绎汉唐文化等沉浸式体验，使人们充分感悟康养休闲的新概念、新元素。

唐渎里全景

唐渎里演艺分布于开元广场、许愿亭、荷香曲、紫烟桥、牡丹街5个演艺地点。演艺内容分为以《唐宫乐舞》《天香唐韵》等为代表的唐风演艺，以《开街仪式》《嗨吧唐渎里》等为代表的互动演艺和以《异域风情》《竹竿舞》等为代表的少数民族演艺3类。周一至周五每日演艺38场，周末每日演艺51场，逢节假日或景区活动时，演艺时间与内容根据实际情况进行调整，演艺时间为9：40—20：30。在常态化演艺的同时，唐渎里还不断开发新的演艺内容，并每月更新演艺节目清单。

唐风演艺

互动演艺

少数民族演艺

温泉泉眼

温泉小镇

　　大洋湾景区拥有丰富的温泉资源,目前已成功钻探出两口温泉井,出口水温62摄氏度,每小时出水量100吨。经权威部门检测,此处温泉水富含偏硼酸、偏硅酸等矿物质,具有很高的理疗价值。依托这一宝贵资源,大洋湾景区在温泉小镇内建立了颐和湖畔酒店和希尔顿逸林酒店。

颐和湖畔酒店

颐和湖畔酒店结合在地文化为来盐城的旅客提供富有盐阜文化底蕴的入住环境。酒店占地面积约 1 万平方米,面朝百米宽阔的湖面,有樱花小镇、盐渎古镇、登瀛阁等景点围绕,湖景绝美。

颐和湖畔酒店全景

酒店由孔园与远香堂组成，其中孔园是为纪念《桃花扇》的作者、清初著名戏曲家孔尚任而复建。酒店有客房 24 间，配备私人温泉泡池，引入大洋湾天然温泉水，让旅客在中式园林中独享自然的滋养。酒店健身房配有专业健身器材，助宾客既养生也健身。

孔园

远香堂

酒店的万国春中菜馆采用了"鱼米之乡"丰富的水产与地方特色，结合传统淮扬风味，打造在地美食。

万国春中菜馆正门

希尔顿逸林酒店

盐城大洋湾希尔顿逸林酒店毗邻大洋湾景区,距盐城南洋国际机场 3.9 千米,距盐城站 8.8 千米,距市中心 11 千米。

希尔顿逸林酒店户外园林夜景

酒店拥有13.65万平方米的户外园林,800平方米的康体中心,可提供室内篮球、羽毛球、乒乓球、沙狐球等项目,并设置了宽敞的儿童俱乐部、室内玩具体验馆以及室外儿童乐园,灵活多元的室内外活动空间,为孩子们打造专属欢乐时光。

室内乒乓球区

室内玩具体验区

289 间客房含 13 套别墅均设有私人阳台，宾客们可尽享花园美景，也可在别墅温泉中沉浸式释放自己，享受优质下榻体验。

酒店客房

酒店温泉

酒店拥有3间风格迥异的餐厅。"厨艺"全日制餐厅拥有时尚明亮的轻松氛围,宾客可以在这里全天候品尝厨师们带来的饕餮盛宴;"青雅"中餐厅为宾客们带来高品质的淮扬菜和粤菜体验,满足不同饕客的味蕾;"大堂吧"毗邻花园,将时尚风格融入江南园林元素,宾客休憩之余可在此享受浓郁醇香的咖啡、中西式茶艺、巧克力马卡龙和主题下午茶等。

"厨艺"全日制餐厅

大堂吧

无柱式大宴会厅

1200平方米无柱式大宴会厅、300平方米的多功能厅、浪漫典雅的户外园林及专业的服务打造至臻宴会、会议及婚典体验。

盐城大洋湾希尔顿逸林酒店可以让宾客感受当地特色与国际文化的融合，也将为宾客带来细致入微、体贴入心的居停体验。

户外婚典场地

颐和盐渎府酒店

颐和盐渎府酒店位于大洋湾景区盐渎古镇内,总用地面积约4.3万平方米,主要建筑面积约6450平方米,室外景观面积约3.4万平方米。整个酒店由孝忠堂、顺行堂、慎义堂、福彩聚(福德居)、丰润堂、善存缘、隆兴堂、禄盛堂、贤德堂、诚仁堂10栋古宅和1栋新建仿古建筑组成,其中10栋古宅作为客房及客房配套,以一层为主,局部二层,总面积约5134平方米;1栋新建两层仿古建筑作为公区,包含酒店接待大堂、会见厅、全日餐厅、泳池、豪华包房、多功能厅、厨房等,总面积约1316平方米。

古宅客房分山西地域的四合院类和江西地域的徽派赣派的内院小天井类两大类,为展示这些独特的历史古建筑、丰富游客体验,在突出古宅本身建筑形态的同时,以古宅的背景、特征、由来、原址、名称或前主人的故事作为故事线,通过仿古铺装、绿化景观等手法,展现古宅庭院的尊严,增强古宅的生命力,强化其持久延续的理念,让鲜活的古宅"再活五百年"。

颐和盐渎府酒店鸟瞰图

古宅客房天井

盐渎古镇东侧景观

　　盐渎古镇东侧景观以绿环绕、樱花争艳、古典人文定位，结合休闲、运动、观光、泊车等多种功能，主要服务于引进的颐和湖畔酒店和温泉酒店，致力于打造生态休闲的风光长廊。分为北区、中区、南区三个部分，总面积约为30.1万平方米。依托优美水系、原有内部岸线和植被，移栽、补植景观树木及撒播草籽，同时新建道路、凉亭、生态停车场及消防站等，设有乌篷泛舟、水幕电影等文化体验项目，打造盐渎古镇后花园。

盐渎古镇东侧景观整体鸟瞰图

乌篷泛舟

水幕电影

登瀛茶坊

　　登瀛茶坊是一座与登瀛阁近在咫尺的、整体呈唐宋风格兼古典园林特色的综合型茶楼，汇聚了不同风格的文化区域，如书吧、茶吧、茶食、茗茶、培训等，有大型茶会、雅集、茶艺体验、团队活动、自助茶点等服务。茶坊建有简洁明快的大屋顶，配灰基粉墙、落地门窗、亲水平台，周边修竹映衬，借一泓湖水构成宁静淡雅的意境，把生活休闲娱乐与美学结合起来，为宾客打造轻松惬意的游园感受。宾客可以在这里饱览藏书，品尝美食，品味茶香，享受闲暇之余的慢生活。

后 记

  盐渎古镇再现辉煌要着重感谢马兆余先生。马兆余，1969 年生，江苏盐城射阳人。2006 年创办北京锦龙堂文化传播中心，2022 年成立中国工艺美术大师传统书画装裱专业委员会。马先生承办了多项全国性重大书法展、美术展，深得书画界好评。他对古代建筑有着理性认知和特殊情感，热爱乡邦，寄情艺术。他风尘仆仆、呕心沥血地到江西、安徽、山西等地踏查古迹，收藏古代民居，把那些散落在民间有经历有故事、有艺术价值和欣赏价值的 22 栋老房子予以复原和修建，为建设盐渎古镇做出了很大贡献。

  盐渎古镇再现辉煌也要感谢盐城市城投集团、燕舞集团和大洋湾生态旅游景区。盐城市城投集团燕舞集团董事长任连璋为建设大洋湾景区和打造盐渎古镇付出了巨大努力和艰辛。他们挖掘了老房子的历史余韵，赋予其新的文化内涵，产生了赏心悦目的审美效果，让一栋又一栋历尽岁月沧桑的老房子焕发出新的光彩，再现了中华优秀传统文化的辉煌，使这些弥足珍贵的古代建筑造福于盐城人民、造福于社会。

  盐渎古镇再现辉煌更要感谢盐城人民和盐城市委市政府。在大洋湾生态旅游景区和盐渎古镇建设过程中，盐城人民给予了充分理解和大力支持，盐城各级党组织和政府给予了认真指导和政策扶持，使盐城这座历史文化底蕴深厚的城市焕发巨大生机，一座现代化的城市崛起于长三角地区和中华大地。

本书编委会
2024 年 1 月 9 日